het hok van geit

Dirk Nielandt
tekeningen van Nicole Rutten

⚡W☉🐆🚗   Zwijsen

wat doet piet nou?

piet pakt een zaag.
hij pakt hout en een .
wat gaat piet doen?
hij gaat naar de tuin.
hij legt het hout neer.
wat doet piet nou?
maakt hij een vuur?
let op, piet!

nee, piet maakt geen vuur.

hij pakt de zaag.

hij bouwt een hok.

hij zaagt een gat in het hout.

dat is een luik.

hij zaagt nog een gat.

dat is een deur.

hij pakt de .

hij maakt het hok geel.

kijk naar het hok!

5

het hok is af.
het hok is maf.
voor wie is het hok?
voor duif?
nee.
het hok is veel te ruim voor duif.
voor wie is het hok dan wel?

het hok van wie?

uil zit op een tak.
wil uil een hok?
hee, uil!
kom je in het hok van piet?
nee.
uil wil niet in een hok.
uil wil in de boom.
ze zit met een ei in de boom.

het is haar ei.
uil wil niet weg van haar ei.

dan is het hok voor pauw.
kom, pauw.
kom in het hok van piet!
het hok is heel ruim.
het hok is een huis voor jou.
maar pauw rent weg.
pauw wil niet in een geel hok.

pauw wil geen hok.
pauw wil geen huis.
hij wil geen dak op zijn kop.
piet kijkt sip.
zijn hok is leeg.
wie wil er in het hok?
piet kijkt.
daar!
daar ziet hij geit!
wil geit in het hok?

het hok van geit

kom hier, geit!
geit loopt naar piet.
geit is lief.
kijk hier, geit.
dit hok is voor jou.
dit is het hok van geit.
het is ruim.
wil geit in het hok?

15

een hok voor geit?
wat een leuk hok.
geit is dol op het hok.
daar is de zus van geit.
mag ze ook in het hok?
dat mag.
wat een lol.
maar pas op!
te laat!
boem, het hok valt om.

is piet boos?
nee hoor.
piet pakt hout.
hij pakt zijn zaag.
hij bouwt nog een hok.
een hok voor de zus van geit.
wat een bof!